北陸の鉄道

国鉄・JR編【現役路線・廃止路線】

牧野和人 著

JN081496

米原経由で運転していた関西と北陸を結ぶ優等列車は多くが、1975（昭和50）年3月10日のダイヤ改正より新規に開業した湖西線を経由するようになった。特急「雷鳥」が近江塩津駅を通過し北陸本線へ入って来た。先頭のクハ481は赤い連結器カバーを装着し、原形が備える流麗さを良く保っていた。◎北陸本線　近江塩津～新疋田　1975（昭和50）年7月22日　撮影：安田就視

Contents

3章 石川県の国鉄、JR路線

4章 富山県の国鉄、JR路線

稲をハザ掛けする棒が畔道に建つ日野川流域は晩秋の風情。未だ山影が残る朝の谷間に青森から夜を徹して走って来た寝台特急「日本海４号」が現れた。1981（昭和56）年以降、交直流両用形の電気機関車であるＥＦ81が青森〜大阪間を通して列車を牽引した。◎北陸本線 湯尾〜今庄 1990（平成２）年12月５日　撮影：安田就視

まえがき

　北陸地方を形成する福井、石川、富山の三県。日本海沿いに続く街を結んできた北陸本線は、北陸新幹線の金沢開業を機に並行区間を第三セクター鉄道に転換した。それと共に東京、大阪、新潟から金沢、富山を目指してやって来た優等列車はなりを潜め、三セク区間の旅客輸送は特急街道から地域密着型の生活路線へ変貌した。しかし、その一方で貨物列車はJR路線時代と同じく北陸本線であった区間を含めて日本海縦貫路線を行き交っている。バラストがぶ厚く敷かれた堂々たる容姿の複線軌条上で超編成の貨物列車を牽引して走る電気機関車に出くわすと、幹線の命脈が保たれているような気になり、嬉しい気分になることもしばしばだ。

　また、氷見線や城端線等の支線には、行楽客の興味を向けようと、車内を楽しい設えにした観光列車が走っている。近い将来に予定されている新幹線の敦賀延伸で、北陸路の鉄道は更なる変化を遂げることだろう。北陸特急が昔語りとなる前のひととき、優等列車が高速で駆け抜けた時代を振り返ってみていただきたい。

2020年1月　牧野和人

北陸本線の普通列車に使用されていた旧型客車を置き換えた419系。寝台電車として夜行特急に活躍した581、583系を改造した車両だった。編成は3両1ユニットと短くなったが、車体の断面形状や窓配置は特急用車両であった頃の面影を色濃く残していた。◎北陸本線　湯尾～今庄　1990（平成2）年12月　撮影：安田就視

1章
北陸本線

関西地区と東北地方北端部の都市青森を日本海側回りで結ぶ日本海縦貫路線の一画を占めていた幹線。かつては米原〜直江津間で営業キロ353.9におよぶ長大幹線であった。昼夜に亘り東北、関東地方と関西を結ぶ優等列車が頻繁に行き交った。しかし、北陸本線が長野〜金沢間で延伸開業すると富山県、石川県下の一部区間は第三セクター鉄道に転換された。

函館を前日の夕刻に発車した「日本海4号」は通勤時間帯と重なる翌朝7時台に福井県下の武生盆地を走り抜ける。列車の後ろに見える建物は福井県産業振興施設(サンドーム福井)のイベント棟。1995(平成7)年に竣工した多目的イベントホールだ。最大約1万人を収容できる。◎北陸本線　鯖江〜武生　2000(平成12)年10月31日　撮影：安田就視

北陸本線

金沢行きの特急が西側からやって来る

路線DATA

起点：米原

終点：金沢

開業：1882（明治15）年3月10日

　2020年現在、石川県下を通る北陸本線は、福井県との県境にある牛ノ谷〜大聖寺間から金沢駅までの区間である。県境付近は牛ノ谷峠が横たわる丘陵地帯だが、石川県に入ると日本海にほど近い平野部が続く。直線的に延びる高規格の線路上を電車は高速で駆け抜ける。加賀温泉、粟原と著名な温泉地の最寄り駅を経由。小松駅がある小松市内には空港が設置され、鉄道と合わせて遠方と北陸を結ぶ交通の拠点になっている。白山市内の松任駅付近には旧国鉄時代から大規模な車両工場が建つ。北陸新幹線の高架橋と共に金沢市内へ入り、広々としたターミナルの様相を湛える金沢駅に至る。金沢へは関西方面からの特急「サンダーバード」。名古屋からの特急「しらさぎ」を運転。新幹線開業以前の特急街道らしい華やかさを保っている。

東海道新幹線の開業に合わせて1964（昭和39）年10月1日のダイヤ改正時より名古屋〜富山間で1往復の運転を開始した特急「しらさぎ」。昭和50年代には4往復に増発された。白地に文字のみが記されたヘッドサインが国鉄時代の特急らしい。
◎北陸本線　近江塩津〜新疋田　1975（昭和50）年7月22日　撮影：安田就視

北陸本線、羽越本線、奥羽本線と続く日本海縦貫路線を走破し、大阪～青森間を結んでいた特急「白鳥」。大阪を10時30分に
発車した青森行き下り列車は、正午前に湖西線から北陸本線へ乗り入れていた。編成の内、後ろの6両は上沼垂色の車両だ。
◎北陸本線　近江塩津　1990（平成2）年12月　撮影：安田就視

「ゴーサントオ」と称された1978（昭和53）年10月2日のダイヤ改正時より、全国を走る国鉄特急のヘッドサインが字幕から
絵入りのものに替えられていった。特急「雷鳥」では制御車がショートノーズ形の485系と583系に絵入りマークが登場。L
特急を示すデザイン化されたLの文字が添えられていた。
◎北陸本線　近江塩津～新疋田　1990（平成2）年12月　撮影：安田就視

柳ケ瀬線

北陸本線の旧線区間が命脈を保った

　北陸本線に木ノ本〜近江塩津〜敦賀の新線が開業すると、柳ケ瀬経由の旧線区間は柳ケ瀬線として分離されながらも存続した。木ノ本から福井県方へ延びる線路は疋田〜敦賀間に設置された鳩原信号場で本線と合流していた。途中4つの駅はスイッチバックの構内形状であった刀根駅を含めて全て棒線駅化され、全区間1閉塞での運転になった。

　笙の川等の上流部に沿って深い谷間を進む路線の沿線は人口が少なく、開業当初より赤字を抱えて常に廃止が取りざたされた。1963（昭和38）年に北陸本線新疋田〜敦賀間で鳩原ループ線が開業すると供用区間であった疋田〜敦賀間は下り線専用となり、同区間で柳ケ瀬線の列車は全て運行を休止。休止区間はバスに転換された。そして翌年5月11日を以って休止区間を含む路線は廃止された。鉄道用地は線路を剥がされて道路となった。

近江塩津を過ぎて長大な新深坂トンネルを抜けると福井県下の新疋田付近へ出る。下り特急「雷鳥」が轟音を響かせながら飛び出して来た。上り線が使用する単線のトンネルは全長5,170mの深坂トンネル。掘削工事は第二次世界大戦前から始められたが、戦時中の工事中断を経て1953（昭和28）年に完成した。◎北陸本線　新疋田　1990（平成2）年12月4日　撮影：安田就視

北陸本線は交流、湖西線は大部分の区間が直流で電化されていたため、敦賀口で両路線を跨いで運転する普通列車には気動車が充当された。同様の理由から敦賀と東海道本線の彦根を結ぶ列車も気動車で運転されていた。キハ58と48の2両編成が架線下を走る。◎北陸本線　近江塩津〜新疋田　1990（平成2）年12月　撮影：安田就視

キハ48を背中合わせに連結した2両編成の普通列車がループ線を目指し上り線を駆け上って行った。青地に白い斜線をあしらった塗装は小浜線の路線色。敦賀運転所(現・敦賀運転センター車両管理室)所属の車両が小浜線等と共通で使われていた。
◎北陸本線　敦賀〜新疋田　1990(平成2)年12月　撮影：安田就視

元号が平成となった1989年に485系の一部車両を改造、塗色変更した「スーパー雷鳥」が登場した。金沢方の制御車はパノ
ラマグリーン車となり、「和風車だんらん」を再改造した半室グリーン車の「ラウンジカー」が連結された。大阪方の制御
車は塗装変更以外、外観は原形を留めていた。◎北陸本線　敦賀〜新疋田　1990（平成2）年12月　撮影：安田就視

大阪と札幌を結ぶ豪華寝台列車として登場した「トワイライトエクスプレス」。日本海縦貫路線では外観を濃い緑色で統一
した客車を同じ塗装のＥＦ81が牽引した。大阪行きの列車が敦賀付近の築堤を走る。昼夜をかけて走り続けてきた日本海沿
いの道から離れると、後2時間程で長かった旅が終わる。
◎北陸本線　敦賀〜新疋田　1990（平成2）年12月4日　撮影：安田就視

3月に入ると線路際の雪はおおむね溶けたものの、周囲の山には未だ積雪があった。名古屋発着で東海道、北陸、高山、東海道本線経由で東海、北陸地方を循環運転していた準急「しろがね」。昭和30年代の半ば。編成中のキハ55等はそれぞれ異なる塗装だった。◎北陸本線　山中信号場　1962（昭和37）年3月4日　撮影：野口昭雄

北陸本線・旧線の新保駅を通過する準急「こがね」。「しろがね」と共に名古屋発着の循環列車として運転された準急「こがね」は東海道、高山、北陸、東海道本線を経由する反時計回りで運転された。杉津越えの途中にある小駅で、補機付きの旅客列車と交換した。◎北陸本線　新保　1962（昭和37）年3月4日　撮影：野口昭雄

敦賀〜今庄間の交流電化複線開業に先駆けて北陸トンネルが完成した。正式な開通日となる1962（昭和37）年6月10日を前に試運転が敢行された。新製から間もないＥＦ70が重連で長大トンネルに向かってソロソロと進んで行く。真新しいコンクリート壁が眩しいトンネルは全長13,870ｍである。なお、開通日に南今庄駅が開業した。
◎北陸本線　敦賀〜今庄　1962（昭和37）年5月30日　撮影：野口昭雄

1882（明治15）年に開業した、古い歴史を有する敦賀駅。戦前には敦賀港線を経由して、ロシアのウラジオストクに至る船舶と連絡する国際列車（ボート・トレイン）が運転されていた。1951（昭和26）年にこの四代目駅舎が誕生している。
◎1951（昭和26）年　提供：敦賀市

大雪にみまわれた敦賀駅前の風景で、バスや自動車が停車している。北陸本線はこの5年前の1962（昭和37）年6月、敦賀〜今庄間に総延長13,870メートルの北陸トンネルが開通したことにより、冬の輸送状況が大きく改善された。
◎1967（昭和42）年　提供：敦賀市

雪を頂いた山々を背景にした敦賀駅の駅前ロータリー。敦賀港方面に向かう駅前通りの両側には旅館、土産物店などが並んでいる。ここから北に向かえば、越前国一宮で、北陸道総鎮守として崇敬されていた気比神宮が鎮座している。
◎1963（昭和38）年　提供：敦賀市

「祝敦賀まつり」と書かれた広告塔が立つ敦賀駅前のロータリーで、この駅前には多くのタクシーが集まっている。右側に見える銅像は、1978（昭和53）年に建立された敦賀の地名の由来になった人物、都怒我阿羅斯等（つぬがあらしと）の銅像である。
◎1989（平成元）年　提供：敦賀市

福井県下の鉄道拠点敦賀駅に停車するのは急行形電車クモハ471の1番車を先頭にした普通列車。全ての車両が旧国鉄交直流両用急行形電車本来の塗装だ。また、2ユニットを連結した6両編成には優等列車の面影が見え隠れする。貫通扉上部の列車種別表示は健在で「普通」と記されていた。
◎北陸本線　敦賀　1984（昭和59）年6月　撮影：安田就視

現在の越前市の玄関口である武生駅は、1968（昭和43）年に現駅舎が誕生している。それに伴い、駅前の整備が行われて、古い商店の家並みなどが姿を消すことになった。これは家屋取り壊し中の工事風景である。
◎1968（昭和43）年頃　提供：越前市

刈り取られた稲の穂株が再び黄色く色づいた初頭の谷筋を走る419系6両編成の普通列車。前のユニットは制御車が2両共クハネ581からの改造車であるのに対して、後ろユニットの制御車は中間車からの改造車。期せずして異形式車を連結したかのような凸凹編成となった。◎北陸本線　南条～湯尾　1990（平成2）年12月　撮影：安田就視

駅前の再開発によって誕生した武生駅前の広場、駐車場。現在は駐車スペースが削られて、緑地帯などが整備されている。アーケードが付けられた駅前商店街の装いも新しくなり、大きな目立つ看板が掲げられている。
◎1970（昭和45）年頃　提供：越前市

清酒「越乃井」の看板を掲げた酒店やタクシー会社、理髪店などが建ち並ぶ鯖江駅前の商店街風景。看板の見える久保田酒店は1914（大正３）年に創業して以来、１世紀以上にわたって地酒専門店ののれんを守り続けている。
◎1968（昭和43）年　提供：鯖江市

バスターミナルが整備された鯖江駅前の風景で、奥には山並みが見える。この1984（昭和59）年に福井鉄道バスが乗り入れし、記念式典のテープカットが行われた。左手に見える長崎屋は２年前の1982（昭和57）年にオープンしていた。
◎1984（昭和59）年　提供：鯖江市

鯖江駅は1896（明治29）年、北陸線の敦賀〜福井間の開通時に開業している。現在はJRの単独駅だが、1962（昭和37）年までは福井鉄道鯖浦線との連絡駅だった。これは平屋建てだった先代の駅舎の姿である。◎1955（昭和30）年頃　提供：鯖江市

1976（昭和51）年4月、新しく生まれ変わった鯖江駅で、「祝鯖江駅舎新築落成」の看板が見える。コンクリート造り2階建ての駅舎は現在も使用されており、2階には図書館機能をもつ「えきライブラリーtetote」が設けられている。◎1976（昭和51）年頃　提供：鯖江市

改札口や出札口、待合室などが見える鯖江駅の構内。時計は8時40分過ぎを差しており、朝の風景だろう。ホームには貨車が見えるが、鯖江駅は1975（昭和50）年に貨物の取り扱いを廃止して、旅客駅に変わる。◎1975（昭和50）年頃　提供：鯖江市

電化後の北陸路を頻繁に行き交った特急「雷鳥」。1964（昭和39）年に大阪〜富山間で1往復が運転を開始して以来、旧国鉄時代から民営化初期にかけて増発を続け、北陸本線を代表する優等列車へ成長した。12往復の運転体制となった1975（昭和50）年にL特急に指定された。◎北陸本線　大土呂〜北鯖江　1990（平成２）年12月　撮影：安田就視

三国線

北前船で名を馳せた港町へ延びていた国鉄路線

　北陸本線の金津（現・あわら温泉）駅と七湊の一つに数えられた歴史ある港町である三国港を結んでいた9.8kmの非電化路線。途中には芦原、三国の二駅があった。船舶と鉄道貨物の取次ぎを目的として明治期に官設鉄道として建設された。しかし昭和期に入って三国芦原電鉄（後の京福電気鉄道　現・えちぜん鉄道）が並行区間に三国芦原線を開業。福井市内から乗り換えずに三国へ行ける私鉄路線に客足は流れた。第二次世界大戦中には不要不急路線に指定されて営業を休止。終戦から1年を経た1946（昭和21）年8月15日に営業を再開し、営業権を京福電気鉄道へ譲渡していた三国〜三国港間へも乗り入れた。しかし依然として業績は振るわず1972年に全線廃止となった。

全国6番目の民衆駅として1952（昭和27）年に竣工した福井駅舎。構内の西口に建ち、1階が鉄道関連の施設になっていた他、百貨店やホテルが入っていた。2005（平成17）年に新駅舎の建設工事が始まり、構内は新幹線ホームを含む新施設に刷新された。なお西口駅前には福井鉄道の軌道が乗り入れる。
◎北陸本線　福井　撮影：山田虎雄

米原〜金沢間を結んだ特急「きらめき」。座席間隔の拡大等、更新化改造を施した485系で1988（昭和63）年から運転された。ヘッドサインは「スーパーきらめき」と表示していた。写真は普通車4両の編成だった運転当初の姿。全車両が指定席車だった。◎北陸本線　越前花堂　1990（平成2）年12月　撮影：安田就視

初冬を迎えた足羽川では水鳥が羽を休めていた。ビルを望む対岸は福井駅や城址、県庁がある福井市の中心街だ。水面に国鉄特急色の影を落として485系の上り特急列車がやって来た。編成両端部の制御車はボンネット形のクハ481だ。
◎北陸本線　福井〜越前花堂　1990（平成２）年12月　撮影：安田就視

福井鉄道との並行区間を普通列車が福井駅に向かって駆けて行った。455系は北陸本線の増発用等に昭和40年代から製造された交直流両用の急行形電車。最後尾を務めるクハ455は、往年の急行形電車を彷彿とさせる大型のヘッドライトを装備していた。◎北陸本線　福井〜森田　1990（平成2）年12月　撮影：安田就視

湖西線の開業で米原を経由して北陸へ向かう優等列車は減少した。東海道新幹線と北陸本線の乗継ぎで利便性を図るべく、米原〜金沢、富山間に特急「加越」が新設された。1978（昭和53）10月のダイヤ改正時点では最速の表定速度であった時速86.1kmを誇る列車があった。◎北陸本線　牛ノ谷〜細呂木　1986（昭和61）年12月　撮影：安田就視

線路際にセイタカアワダチソウが茂る秋の北陸本線を行く列車は特急「スーパー雷鳥」。先頭車のクロ481 2000番台車は、同列車の運転に際しサロ489、サハ481に制御車化改造を施して誕生した専用車両。運転室周りは、既存の485系一族と異なる斬新な形になった。◎北陸本線　丸岡〜芦原温泉　2000（平成12）年10月31日　撮影：安田就視

丘陵部の田園地帯で緩い曲線が左右に連なる細呂木界隈。青空の下、485系の特急「雷鳥」がタイフォン一声響かせて軽快に駆けて行った。民営化後の姿は食堂車こそ連結されていないもののグリーン車を含む9両編成と、幹線の特急列車としては依然堂々たるものだった。◎北陸本線　牛ノ谷〜細呂木　1990（平成2）年12月　撮影：安田就視

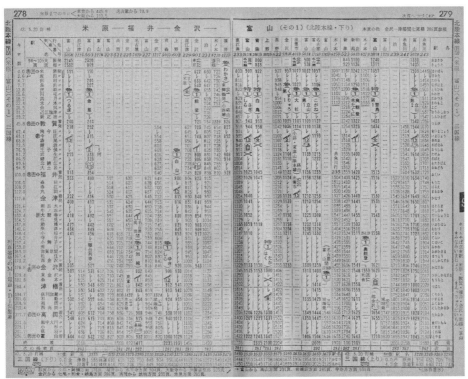

1967（昭和42）年5月20日訂補の北陸本線下り時刻表。中部北陸地方の循環急行「こがね」。小浜線経由で山陰へ向かう急行「大社」等、他路線へ乗り入れる特徴ある運用の列車名が眼を引く。電化とともに走り始めた特急「雷鳥」はまだ特別な存在だった。

神戸港に造られた人工島、ポートアイランドで「神戸ポートアイランド博覧会」が1981（昭和56）年3月20日から9月15日まで開催された。旧国鉄では会場へのアクセス列車として臨時特急「ポートピア」を富山〜三宮間で運転。同様の行程であった特急「雷鳥」も数本が三ノ宮まで運転区間を延長した。◎北陸本線　加賀温泉　1981（昭和56）年8月26日　撮影：長渡 朗

北陸本線ではウインドウシルヘッダーを備えた古風ないで立ちの旧型客車が昭和50年代まで使用された。普通車のみとはいえ、往年の急行列車を彷彿とさせる長編成で複線の幹線を走った。牽引機は北陸本線の電化に際して増備されたＥＦ70である。
◎北陸本線　加賀温泉　1982（昭和57）年7月8日　撮影：長渡 朗

東海道新幹線の開業に合わせて1964（昭和39）年10月1日より名古屋～富山間で運転を開始した特急「しらさぎ」。1975（昭和50）年には米原を始発終点として走行区間が重なる特急「加越」が新設されたにも関わらず、2往復を増発して6往復体制となりL特急に指定された。◎北陸本線　加賀温泉　1982（昭和57）年7月8日　撮影：長渡 朗

「北陸新幹線小松停車駅の実現を期そう」と書かれた横断幕の見える小松駅前大通りの商店街。現在はれんが花道通りに生まれ変わり、沿道には地元の曳山や伝統芸能に触れることができる施設「こまつ曳山交流館みよっさ」が建てられている。
◎1977(昭和52)年頃　提供：小松市

建設機械メーカーとして有名なコマツは、現・小松市で銅山を経営していた竹内鉱業が1917(大正6)年に小松鉄工所を開設し、1921(大正10)年に小松製作所として独立した。小松駅のホーム左手には、小松製作所への引き込み線が見える。
◎1966(昭和41)年　提供：小松市

小松駅は1897（明治30）年9月、北陸線の福井〜小松間の開通時に誕生しており。石川県内で最初の鉄道駅となった。現在はJRの単独駅だが、かつては北陸鉄道や尾小屋鉄道の連絡駅の役割を果たして。これは1966（昭和41）年に改築される前の駅舎。◎昭和30年代　提供：小松市

現在は北陸新幹線の工事が行われている小松駅だが、これは2002（平成14）年に現・駅舎になる前に存在した地上駅舎時代の姿である。駅前には西友ストアから変わった西武百貨店があったが、西武の撤退後に大和小松店に変わった。◎1988（昭和63）年頃　提供：小松市

1970（昭和45）年、小松駅前には防災ビル「こまビル」が誕生し、テナントとしてジャスコが入店していた。その後、駅舎の建て替え、駅前の再開発のためにビルは姿を消すことになる。2002（平成14）年には、現在のバスターミナルが誕生した。◎1985（昭和60）年提供：小松市

「三八豪雪」と呼ばれた1963（昭和38）年1月の豪雪により、すっかりと雪に覆われた金沢駅付近の空撮である。中央やや上には三代目駅舎、手前左側に金沢機関区の機関庫、ターンテーブルが見える。このとき、金沢市内では181センチの積雪を記録し、北陸本線や道路がマヒ状態になった。
◎金沢駅　1963（昭和38）年1月27日　提供：朝日新聞社

戦後に誕生した三代目金沢駅の駅前には駐車場、バスターミナルが整備されて、北陸第一の大都市にふさわしい貫禄を備えている。左手のビルに看板が見える北國銀行は、金沢駅前に本店を置く地方銀行で、2014（平成26）年に本店を移転している。道路を隔てた反対側の看板に見える「日榮」は、金沢（石川）を代表する清酒メーカー、中村酒造の地酒の代表的銘柄である。

金沢駅を発車した雷鳥。しんがりを務める制御車は貫通扉を備えたクハ481の200番台車だ。寒冷地を行く北陸本線では冬季等に扉の間から吹き込む隙間風が乗務員の間で不評を買った。そうした現場の意見を踏まえ、分割併結運用を伴わない列車では必要性が低い貫通扉を廃し、運転台の居住環境を向上させた300番台車が1974（昭和49）年から製造された。◎北陸本線　金沢　1984（昭和59）年６月　撮影：安田就視

上沼垂色の485系で運転する特急「白鳥」。1986（昭和61）年11月1日のダイヤ改正時より日本海縦貫線で運転する特急用車両の配置区は向日町運転所から上沼垂運転区（現・新潟車両センター）に移された。485系には指定席車で座席の交換やシート間隔の拡大。自由席車の簡易リクライニングシート化等、グレードアップ改造が施工された。◎北陸本線　動橋〜粟津　1994（平成6）年5月1日　撮影：安田就視

1952（昭和27）年以竣工した三代目駅舎。一部5階建てのビルで、出入り口付近には松を植えたデッキがあった。1950年に組織改編で発足した旧国鉄金沢鉄道管理局が拠点とした駅だ。民営化後もJR西日本金沢支社が入っていた。駅構内の高架化、新駅舎の建設工事に伴い1999（平成11）年に解体された。◎北陸本線　金沢　撮影：山田虎雄

北陸新幹線

百万石の城下町へ舞い降りた新幹線

　2015（平成27）年3月14日。北陸新幹線が長野〜金沢間で延伸開業し石川県にも新幹線がやって来た。金沢駅は新幹線の終点となり、2面4線の高架ホーム上では複数の列車が顔を揃えることもある。当駅まで運転される列車は東京を結ぶ「かがやき」と「はくたか」。富山との短区間に設定された「つるぎ」だ。富山県との境界は津幡町と富山県小矢部市を隔てる天田峠付近にある。線路は長大なトンネル内の小矢部市方で県境を跨ぐ。また、営業運転区間は金沢までだが、線路は敦賀までの延伸工事を睨み金沢より約10km西方の白山市内まで続いている。末端部には車両基地、工場の機能を備える白山総合車両所がある。JR西日本の車両であるW7系は当所の所属だ。金沢〜白山総合車両所間の線路は現在、回送線として用いられているが、敦賀までの区間が延伸開業したあかつきには本線として供与される予定である。

金沢市の近郊では北陸本線の沿線に家屋が目立つもののその隙間を埋めるかのように田畑が点在している。近代的な容姿の681系が通過する線路の近くでは、人の手による田植えが行われていた。機械で植えた苗が抜けた部分を補う「差し苗」であろうか。圃場には足跡が続いていた。
◎北陸本線　森本〜津幡　1994（平成6）年5月1日　撮影：安田就視

北陸本線等で運転される車両が数多く配置されている金沢運転所を車窓に見て、特急「北越」が斜光の中を駆けて行った。運転開始時は大阪〜新潟間を東海道、北陸、信越本線経由で結ぶ列車だった。その後、北陸筋における優等列車の運転系等が見直され、末期には金沢〜新潟間の列車となっていた。
◎北陸本線　金沢〜東金沢　1990（平成2）年12月9日　撮影：安田就視

IRいしかわ鉄道

倶利伽羅峠の麓に至る短い三セク路線

　北陸新幹線の金沢延伸開業に伴い、JR西日本から経営分離された北陸本線で石川県下の区間を受け継いだ第三セクター鉄道。金沢〜倶利伽羅間を管轄する。津幡までは金沢市近郊の市街地を進む。しかし津幡川を渡り、北陸新幹線を潜る辺りから周囲に山が迫り始める。緩やかな曲線を描く築堤で旧北陸道と国道8号倶利伽羅バイパスを結ぶ県道を跨いだ先の高台に倶利伽羅駅がある。終点駅は津幡駅管理の無人駅だが、ボランティアによる名誉駅長が「配置」されている。JR西日本から譲渡された521系の他、JR西日本、あいの風とやま鉄道所属の車両が当路線を通る。また、金沢〜津幡間では七尾線へ乗り入れる特急「サンダーバード」「能登かがり火」「花嫁のれん」が通過する。七尾線へ直通するJR西日本の列車はJR時代の業務形態を踏襲してJR西日本が運行を受託している。

倶利伽羅峠を越え、金沢市近郊の平野部まで足を進めて来た
寝台特急「北陸」。上野～金沢間を東北、高崎、上越、信越、
北陸本線経由で運転していた。季節夜行急行として運転し
ていた「北陸1号」を1975（昭和50）年3月10日のダイヤ
改正で寝台特急に格上げした列車だった。◎北陸本線 ● 津
幡～倶利伽羅　1994（平成6）年5月1日　撮影：安田就視

倶利伽羅古戦場と記された名所案内板が建つ倶利伽羅駅のホームを金沢方面へ向かう普通列車が発車して行った。昭和50年代に入って急行列車が特急への格上げや廃止によって数を減らす中、デッキ付き2扉車の急行形電車が普通列車へ充当されるようになった。列車名を掲げていたヘッドマークは白地になっている。
◎倶利伽羅　1982（昭和57）年8月21日　撮影：安田就視

上野〜金沢間を信越本線経由で結んでいた特急「白山」。信越本線の横川〜軽井沢間を通過するためにEF63と協調運転ができる489系を使用していた。列車名は石川、岐阜の県境にそびえ、日本三霊山の一つに数えられる白山（標高2,702m）に由来する。◎北陸本線　倶利伽羅〜石動　1990（平成2）年9月19日　撮影：安田就視

北陸本線の難読駅である石動（いするぎ）を通過するEF81牽引の貨物列車。三方式の電源に対応する交直流両用の電気機関車は旧国鉄、JRが有する電化路線のほとんどへ入線できる柔軟性が持ち味だ。その特徴を生かし、民営化前後の長きに亘り北陸本線、日本海縦貫線を席巻した。◎北陸本線　石動　1990（平成2）年9月　撮影：安田就視

小矢部、高岡市内を流れる小矢部川を渡る特急「しらさぎ」。一往復で運転を開始して以来、増発が続いていた名古屋と北陸を結ぶ列車は1988（昭和63）年に全便が富山発着となった。485系は長大トンネルと急勾配急曲線区間が控える倶利伽羅峠をものともせず、数分間の内に走り抜けて田園が広がる砺波平野へ飛び出して来た。◎北陸本線　石動～福岡　1990（平成2）年9月19日　撮影：安田就視

上越新幹線の接続列車として長岡〜金沢間に設定された特急
「かがやき」。運転当初は全車指定席の4両編成だった。速
達性で人気を得た同列車は最盛期に6往復まで増発され、グ
リーン車や自由席車を加えた6両編成となった。1997（平成
9）年に北越急行ほくほく線が開業し、新幹線接続の任を特
急「はくたか」に譲って廃止された。◎北陸本線　福岡〜石
動　1994（平成6）年5月　撮影：安田就視

民営化後は普通列車の仕業に就く元急行用電車の多くにも、一般形車両と同じ地域色への塗装変更が実施された。オイスターホワイトの地にライトコバルトブルーの帯を巻いた塗装は二代目の「北陸色」である。正面扉の上部にあった列車種別の表示窓は潰されている。◎北陸本線　高岡〜西高岡　1990（平成2）年9月　撮影：安田就視

旧国鉄時代の末期に都市部を中心とした普通列車のダイヤが見直され、主要駅の発時刻をを毎時一定の間隔にする形で増発が実施された。北陸本線では「TOWNトレイン」の愛称が付けられ、該当する列車はヘッドマーク、ヘッドサインを掲出した。◎北陸本線　越中大門〜小杉　1990（平成2）年9月　撮影：安田就視

特急「加越」は設定の前年に湖西線が開業した事により、それまで大阪〜米原〜北陸方面と運行していた特急「雷鳥」が米原駅を経由しなくなった事から、米原や東海道新幹線利用者の利便性を図るために誕生した列車である。車両は主に485系が使用されていたが2003（平成15）年、「加越」の「しらさぎ」への統合化直前の2ヶ月間は683系が運用に就いた。
◎富山　1984（昭和59）3月6日　撮影：長渡 朗

413系は急行形電車の車体を更新して近郊形とした車両。国鉄末期に地域密着形輸送を目指し、客車列車や急行形で運行されていた普通列車と置き換えた。同じ理由で、特急形電車の581系・583系から改造された419系・715系もある。また、413系の交流専用車としたのが、717系である。◎北陸本線　東滑川　2015（平成27）年3月7日　所蔵：フォト・パブリッシング

1964（昭和39）年8月、北陸本線の金沢〜富山操車場間の交流電化開業を前にして、小杉〜呉羽間の田園地帯を走る試運転列車。牽引するのはED70形電気機関車で、客車10両や暖房車とともに、D51形蒸気機関車2両が死重（重し）として付けられていた。この電化により、同年12月から大阪・名古屋方面から富山駅に向かう特急「雷鳥」「しらさぎ」が運行されることとなる。◎小杉〜呉羽　1964（昭和39）年8月11日　提供：朝日新聞社

富山に到着した急行「立山」。この先は快速列車となり、北陸本線をさらに北上して糸魚川へ向かう。折り畳み式のヘッドマークの中には快速と表示できるものが含まれていた。貫通扉の上に設置された列車種別表示は空白になっていた。
◎北陸本線　富山　1977（昭和52）年3月10日　撮影：長渡 朗

富山駅は北陸路を走る特急列車にとっての集束点だった。降りしきる雪の中、屋根を白くして日本海縦貫線の雄、特急「白鳥」がホームへ入って来た。寒気の中で機械の調子が悪くなったのか、ヘッドサインの幕は中途半端な位置で止まっている。画面奥に見える留置線では「雷鳥」のヘッドサインを掲げた485系が次の仕業に備えて休んでいた。
◎北陸本線　富山　1984（昭和59）年3月6日　撮影：長渡 朗

雪が降る富山駅に停車する赤い電気機関車はＥＦ70。北陸本線の電化推進に貢献した交流形電気機関車だ。大容量のシリコン整流器を備え、1200ｔの列車牽引を目指して設計された強力機である。全線電化が完成した北陸本線で特急列車から貨物列車まで広く充当された。　◎北陸本線　富山　1984（昭和59）年３月６日　撮影：長渡 朗

百貨店等が出店し、民衆駅として竣工した富山駅ビル。1952（昭和27）年に第１期工事。翌年に２期工事が完了し、街の鉄道玄関口として重厚な姿を現した。ビルは構内南口に建ち、駅前には車寄せやタクシー乗り場が整備されていた。隣接する木造の建物は富山地方鉄道の電鉄富山の駅舎である。◎北陸本線　富山　撮影：山田虎雄

1984（昭和59）年12月12日を以って特急「しらさぎ」の食堂車は営業を中止し、翌年には編成からサシ481が外された。以降の編成はグリーン車1両を含む7両、もしくは9両となった。また先頭、最後尾の車両は禁煙である。時代の趨勢と共に列車の形態も変化していく。◎北陸本線　東富山　1986（昭和61）年12月　撮影：安田就視

交流電化の進展により開発された交直流急行形電車の系統。最初に登場したのが451系（50Hz）と471系（60Hz）で、それらの出力増強形が453系、473系。さらに抑制ブレーキを追加するなどして改良したのが455系、475系で、冷房付きで50／60Hz対応とした最終形が457系という具合である。
◎北陸本線　津幡～倶利伽羅　2010（平成22）年8月27日　所蔵：フォト・パブリッシング

柿の実が色づき始めた初秋の富山市郊外を走る特急「白山」。トリコロールカラーの列車専用色は同時期に信越本線を走っていた特急「あさま」とは趣の異なる明るい雰囲気。正面の赤い帯は列車名の白山をデザイン化している。民営化から間もない平成初期までは2往復を運転していた。◎北陸本線　東富山〜水橋　1990（平成2）年9月26日　撮影：安田就視

日本海に面した滑川市から魚津市にかけての田園部は、球根採取用のチューリップ栽培が盛んな地域だ。例年4月中旬には北陸本線の沿線を色とりどりの花畑が飾る。但しチューリップは連作が利かないので、毎年同じ場所で花を愛でることはできない。◎北陸本線　東滑川　1997（平成9）年4月29日　撮影：安田就視

北陸新幹線

県下の主要3都市に設置された新幹線駅

　金沢までの延伸開業を果たした北陸新幹線は、在来線よりも山側を通って富山県内を横断する。東側に接する新潟県との境界は朝日町と新潟県糸魚川市の間。線路がトンネルの間で僅かに地上へ顔を出す区間を流れる境川が県境になっている。境川を1kmほど下った沿岸部を、あいの風とやま鉄道と国道8号が通る。新潟県内で50Hzだった架線周波数は富山県に入って60Hzとなる。平野部には高い高架橋が延々と続き、車窓の西側に立山連峰を望むことができる区間もある。県内に設置された新幹線駅は黒部宇奈月温泉、富山、新高岡。これらのうち、黒部宇奈月温泉駅は富山地方鉄道本線。新高岡駅はJR城端線との交差部分に新設された。新高岡から高岡市の中心街にある高岡駅へは城端線で一駅間6kmの距離である。富山～金沢間には「つるぎ」が運転され、北陸の2大都市を結ぶ速達列車としての役割を担っている。

民営化を経た後も485系が北陸特急の主力であった頃、早朝に富山～糸魚川間を往復する快速列車が485系で運転されていた。富山地方鉄道本線を潜る黒部付近を国鉄特急色に身を包んだ列車が快走。ヘッドサインには赤地で「快速」と記されていた。
◎北陸本線　黒部～生地　1990（平成2）年9月　撮影：安田就視

大阪から札幌へ向かう下り「トワイライトエクスプレス」は16時台に富山県北部を通過していた。日脚が短くなり始める初秋には列車名の通り、淡い斜光が渋い色合いの車体を照らし出した。この先、夜通し掛けて日本海沿岸を北上する旅が続く。◎北陸本線　黒部〜魚津　1990（平成2）年9月　撮影：安田就視

黒部川を渡った先に続く築堤上を特急「はくたか」が駆け下りて来た。営業列車で出せる最高速度が高く設定されていた北陸本線、北越急行ほくほく線を通る新幹線連絡特急には流麗な姿の681、683系が充当され、迫力の走りで北陸路を闊歩していた。◎北陸本線　生地〜西入善　2003（平成15）年4月29日　撮影：安田就視

大きく区画整理された田畑の中を複線の線路が一直線に横切る。後ろから甲高い車輪の響きが聞こえたかと思ったら、3両編成の普通列車が街中へ向かって駆け去った。急行仕業から退いても455系は日本海沿いの幹線筋で衰えない俊足を誇っていた。◎北陸本線　入善〜西入善1990（平成2）年9月　撮影：安田就視

金沢運転所（現・金沢総合車両所）所属の489系で運転していた特急「白山」。グリーン車1両を含む9両編成だった。同じ編成が特急「あさま」の一部と「白山」同様に上野〜金沢間で運転していた夜行急行「能登」で共通運用されていた時期があった。◎北陸本線　入善〜泊　1990（平成2）年9月　撮影：安田就視

あいの風とやま鉄道

旧北陸本線の中央部を占める三セク鉄道

　北陸新幹線長野〜金沢間の延伸開業に伴い、北陸本線の並行区間は第三セクター鉄道3社に転換された。富山県内の路線は2012年に設立されたあいの風とやま鉄道（設立当時、富山県並行在来線準備株式会社）が運営する。営業上の境界駅である倶利伽羅はIRいしかわ鉄道。市振はえちごトキめき鉄道が管轄し、あいの風とやま鉄道は自社線内の19駅を管轄する。路線は日本海沿岸近くの平野部を通り、高岡、富山、魚津、黒部と県内の主要都市を結ぶ。東滑川〜魚津間等では列車東側の車窓に標高3,015mの立山を始め、2000m級の稜線が連なる立山連峰を仰ぎ見ることができる。この秀でた眺望に着目して2019（平成31）年4月より観光列車「一万三千尺物語」を運行している。第三セクター化以降、旅客列車の運転形態は大きく3つに分かれる。金沢〜富山間ではIRいしかわ鉄道。泊〜糸魚川、直江津間ではえちごトキめき鉄道との相互直通運転を行う。高岡〜富山間には平日に限り、JR西日本所属の気動車が城端線から乗り入れる。また、富山〜泊間は自社線内を行き交う区間列車が運行の中心である。金沢〜泊間には平日の朝夕に座席指定制の「あいの風ライナー」が設定されている。

絵葉書で見る福井県の駅 （絵葉書提供：生田 誠）

【敦賀駅 明治後期】
北陸本線と小浜線の接続駅となっている敦賀駅は、明治期から北陸線の主要駅として二階建ての立派な駅舎を備えていた。これは明治後期の木造駅舎の姿で、明治42（1909）年の東宮（後の大正天皇）の北陸行啓記念のスタンプが押されている。

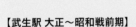

【武生駅 大正〜昭和戦前期】
1896（明治29）年7月に開業した武生駅は、現在は越前市となっている、旧武生市の玄関口の役割を果たしてきた。武生は越前打刃物の産地として知られ、現在も秋には武生中央公園で菊人形まつりが開催され、多くの観光客が訪れている。

【福井駅 大正期】
玄関口を挟んで左右に長く延びた瓦屋根が特徴駅だった、大正期の福井駅の姿である。福井駅は1896（明治29）年7月、北陸線の敦賀〜福井間の開通に伴い終着駅として開業。1897（明治30）年9月、小松駅までの延伸で途中駅となった。

2章
福井県の国鉄、JR路線

県内を東西に横断する北陸本線を軸に敦賀から小浜線、福井から越美北線が分岐する。小浜線は終点の東舞鶴で京都府下を走る舞鶴線に接続する。越美北線は終点九頭竜湖まで全線に亘って福井県内を通る。

敦賀駅に入る小浜線の普通列車。急行「わかさ」等の運用に就いていたキハ28、58が使われていた。先頭のキハ28が屋上に冷房装置を載せているのに対して、後ろの車両は非冷房の様子。急行列車が数を減らしつつあった、昭和50年代半ばの情景である。◎小浜線　敦賀　1981（昭和56）年8月28日　撮影：長渡 朗

おばません

小浜線

若狭湾沿いに進む電化路線

路線DATA

起点：敦賀

終点：東舞鶴

開業：1917（大正6）年12月15日

北陸本線の下り線を横目に非電化路線だった小浜線へ足取りを進めるキハ58と28の普通列車。小浜線を走る気動車に路線色が設定された民営化後の撮影だが、写真の車両は未だ国鉄急行型気動車色のままで運転していた。2両とも冷房装置を搭載した後の姿だ。◎小浜線　敦賀～西敦賀　1990（平成2）年12月　撮影：安田就視

　若狭湾沿いに敦賀と京都府下の東舞鶴を結ぶ路線。京都府との境界は青郷と終点東舞鶴より一駅先の松尾寺間にある。全長84.3kmのうち、ほとんどの区間は福井県内を通る。2003（平成15）年に全区間が直流電化された。電化後は113系、125系、521系等の電車で運転されてきたが、現在の定期列車は125系で統一されている。また、沿線に海水浴場が点在するため、夏季には関西、中京圏からの臨時列車が設定されることもあった。非電化時代にはキハ181系や

づる」の小浜乗り入れといった実績がある。

　気動車が主力であった時代にはキハ58等を用いた急行「わかさ」「はしだて」等を運転していた。中でも名古屋～出雲市間を結んでいた急行「大社」は小浜、宮津（現・WILLERS TRAINS（京都丹後鉄道）宮豊線）線経由で異彩を放っていた。

福井県の置県100周年と小浜線の開業60周年を記念して「SLわかさ」号が8月の最終週に1日1往復運転された。梅小路蒸気機関車館（現・京都鉄道博物館）で動態保存されていたC56 160号機が12系客車を牽引して晩夏の若狭路を走った。
◎小浜線　敦賀　1981（昭和56）年8月28日　撮影：長渡 朗

東美浜から美浜の街中へ抜ける区間は途中にトンネルがある小さな山越えの道。美浜駅のホームから東方を望むと、緑濃い
山並みが屏風のように立ちはだかっている。急勾配を上り終えた客車列車が、足早に構内へ滑り込んで来た。
◎小浜線　美浜　1981（昭和56）年８月27日　撮影：長渡 朗

三方湖を背景に白煙をたなびかせながら客車列車を牽引するＣ58。小浜線では中庸な客貨両用の蒸機機関車が活躍した。機
関車の多くは敦賀第一機関区に所属。1971（昭和46）年９月まで定期列車の先頭に立つ雄姿を見ることができた。
◎小浜線　三方～気山　1971（昭和46）年１月９日　撮影：長渡 朗

上中駅の手前。国道27号線との並行区間で北川を渡る。背景の斜面に雪が残る山並みは小浜市と若狭町を隔てる稜線だ。橋に轟音を響かせて現れた列車は、急行型を含む5両編成。前の3両は両運転台車のキハ20だった。
◎小浜線　若狭有田～上中　1980（昭和55）年1月17日　撮影：長渡 朗

線路の近くまで端山が迫る上中駅周辺だが、小浜市の郊外に位置する沿線には家屋が建ち並び街の様相を呈している。無煙化後に小浜線の主力となった車両はキハ20等の旧国鉄一般型気動車。通票授受の際に用いるタブレットキャッチャーを運転席の外側に装備していた。◎小浜線　上中～若狭有田　1980（昭和55）年1月17日　撮影：安田就視

日本海沿岸に建設された小浜線では寒気の襲来と共に沿線が一面の雪景色となることがままある。東小浜は小浜市の郊外に建つホーム1面1線の小駅。1973（昭和48）年に国鉄職員による旅客業務の廃止に伴い無人化されたが、のちに簡易委託で乗車券の販売を再開した。◎小浜線　東小浜　1985（昭和60）年1月31日　撮影：安田就視

実りの秋を行く旧型客車で編成された普通列車。牽引機は蒸気機関車に代わって地方路線の列車牽引に活躍したＤＥ10だ。機関車の次位には郵便荷物合造車のオハユニ61が連結されていた。小浜線では客車列車が昭和50年代の半ばまで数往復設定されていた。◎小浜線　東小浜〜小浜　1980（昭和55）年9月11日　撮影：安田就視

小浜駅は小浜線沿線の中核都市である小浜市の鉄道玄関口であり、小浜線においても列車運行の拠点となっている。当駅で数分間停車する普通列車があり、夜間滞泊する車両もある。島式ホームの傍らには蒸気機関車が現役であった頃に使用された台座や煉瓦積みの給水塔が現在も形を留める。◎小浜線　小浜　1981（昭和56）年8月28日　撮影：安田就視

勢浜付近で線路は国道27号線を隔てて小浜湾の近くを通る。周辺には海水浴場や野球場があり、夏には学生達の明るい声が沿線に飛び交う。今は北風が厳しく感じられ始めた頃。短編成の急行が寒気に追い立てられるかのように低い築堤を足早に駆け抜けて行った。◎小浜線　小浜〜勢浜　1990（平成2）年12月　撮影：安田就視

民営化後も小浜線で運転されていた急行「わかさ」はキハ58、28の2両編成と身軽ないで立ちだった。先頭車のキハ28は運転室周りの窓がパノラミックウインドウになった3000番台車。キハ82等の特急用車両に通じる新世代の車両を感じさせる設えだった。◎小浜線　東小浜～新平野　1990（平成2）年12月13日　撮影：安田就視

三松駅を出た舞鶴方面行きの列車は、若狭湾から離れて青郷駅より緑深い山越えの路へ入る。トンネルを潜った先は京都府舞鶴市だ。電化後の小浜線では列車の短編成化が進められ、日中の閑散時間帯には単行の電車が走り始めた。125系電車は今や小浜線の顔である。◎小浜線　松尾寺〜青郷　2003（平成15）年7月22日　撮影：安田就視

未だ非電化の構内が広く感じられる。小浜線の終点、東舞鶴を敦賀へ向かって発車した急行「わかさ」。準急から急行に昇格した当初は福井〜東舞鶴、西舞鶴間の運転だった。民営化後の末期には敦賀〜東舞鶴間1往復の運転となり、1999（平成11）年10月の舞鶴線電化に伴うダイヤ改正で快速列車化された。◎小浜線　東舞鶴　1990（平成2）年12月　撮影：安田就視

首都圏・中京圏・関西圏を中心として国鉄時代に大量増備された直流近郊形電車113系は小浜線に電化時の2003（平成15）年に投入された。現在は全列車が125系電車で運転されている。
◎小浜線　2005（平成17）年9月29日　所蔵：フォト・パブリッシング

越美北線

剛流九頭竜川の上流部へ遡る鉄路

路線DATA

起点：越前花堂

終点：九頭竜湖

開業：1960（昭和35）年12月25日

福井から街中に城下町の面影を残す越前大野を経由し、九頭竜川の上流部に沿って県東端部に建設された九頭竜湖付近まで分け入る閑散路線。起点は福井駅より北陸本線で一駅大阪方の越前花堂である。旧国鉄時代には福井〜越前花堂間の貨物駅南福井を起点とし、南福井〜越前花堂間は北陸本線との重複区間だった。

また険しい谷を進む勝原〜九頭竜湖間の開業は不採算路線の廃止が取りざたされるようになった後の1972（昭和47）年だった。

現在は単行のキハ120で運行されている。福井〜越前大野間では日中2時間に1往復程度。越前大野〜九頭竜湖間は1日5往復の運転である。通常は普通列車のみの運転だ。しかし昭和50年代から平成初期にかけて九頭竜湖付近で開催される九頭竜新緑祭りや紅葉祭。連休期間等に合わせ、5月、10月に快速「おくえつ」が運転された。

コンクリート製の部分が散見され、昭和中期以降に建設された鉄路の施設であることを窺わせる越前東郷駅。駅舎の屋根はトタン葺き。女性職員が集札業務を行う改札口付近のラッチは壁面と同じコンクリートブロックを積んだものである。構内には石灯篭を置いたささやかな庭園が見える。◎越美北線 越前東郷 1962（昭和37）年5月27日 撮影：荻原二郎

コンクリートブロックとアルミサッシの組み合わせで構成されていた越前大野駅舎。昭和30年代に開業した新設路線の駅は城下町大野の鉄道玄関口ながら、歴史を感じさせる街並みの表情とは異なる質実剛健な姿だった。◎越美北線 越前大野 1962（昭和37）年5月27日 撮影：荻原二郎

五月雨がシトシトと降るホーム1面のみの小駅に半円形状の運転席周りが個性的なキハ07がやって来た。200番台車は昭和
30年代に変速機を機械式から液体式に載せ換えた車両である。搭載機器を変更したことで総括制御運転が可能になった。
◎越美北線　下唯野　1962（昭和37）年5月27日　撮影：荻原二郎

ホームを支える台枠にH鋼材を用いた簡素な設えの終点九頭竜湖に到着した気動車列車。ホームでは車掌が集札した切符等
を確認している。山間区間等に急勾配が控える路線だが、一機関搭載車のキハ23が充当されていた。
◎越美北線　九頭竜湖　1974（昭和49）年5月26日　撮影：荻原二郎

朝の福井平野を行く3両編成の普通列車。福井〜越前大野間を運転する区間列車で行程の途中には計石界隈等に勾配区間が控える。九頭竜湖までの単行運用を受け持つ二機関搭載車のキハ53、52が充当されていた。昼間の仕業を前にした足慣らしといった風情で、目の前を軽快に駆け抜けた。◎越美北線　六条〜越前花堂　1990（平成2）年12月　撮影：安田就視

福井市の郊外部へ出た所で北陸自動車道を潜る。単行の気動車は二機関搭載車のキハ52。民営化後に越美北線の専用色車が登場した。同車両はキハ120への置き換えで大糸線へ転属した後も長らく同様の塗装で運用された。屋上には冷房装置を搭載している。◎越美北線　足羽〜六条　1990（平成2）年12月　撮影：安田就視

柿ケ島付近までは、田畑の広がる田園地帯を走る区間が多い。しかし福井市より少し内陸部に入った地域では、日本海側の気候故に冬ともなれば積雪に見舞われる機会は少なくない。一瞬現れた晴れ間の下、朱色5号の国鉄色が雪原に映えた。
◎越美北線　越前東郷～一乗谷　1980（昭和55）年1月31日　撮影：安田就視

戦国時代に越前国を治めた朝倉氏が拠点とした一乗谷。越美北線は足羽川が蛇行する山間部を進む。越前高田までの区間で線路は川を3回渡る。前日までの雨が影響してか、普段は清らかな表情を見せる水面は濁流となっていた。◎越美北線 越前高田～一乗谷 1980（昭和55）年9月11日 撮影：安田就視

足羽川沿いに進む区間は緑豊かな山路の装い。キハ53、52で編成された山岳仕様の列車がエンジン音も高らかに進んで行った。単行列車が基本の越美北線だが、朝の通勤通学時間帯には福井〜越前大野間で3両編成の列車が旧国鉄時代から見られた。◎越美北線　越前高田〜一乗谷　1981（昭和56）年5月19日　撮影：安田就視

1967（昭和42）年3月20日改正の高山本線時刻表。ヨンサントウ改正以前で地方幹線の主力が急行であった時代である。名古屋を始発終点とする循環列車の急行「しろがね」は昼行、夜行の2本が設定されていた。越美南線へ向かう優等列車には急行「おくみの」があり、名古屋〜美濃太田間を急行「ひだ」と併結していた。

越前大野までの貨物仕業を終えると、8620は方向転換のため単機で転車台がある勝原へ向かう。20パーミルの上り勾配区間で大正生まれの老機関車は僅かばかりの煙をたなびかせた。運転台には転車台の操作等を行う職員が黄色いヘルメットを被って添乗していた。◎越美北線　越前田野～越前大野　1972（昭和47）年6月10日　撮影：安田就視

福井、岐阜の県境付近から真名川ダムを経て大野盆地へ下り、九頭竜川に注ぐ真名川。大野市の郊外には越美北線の橋梁が架かる。キハ53をキハ52が挟む3両編成の列車がやって来た。いずれの車両も朱色5号一色で塗られている。
◎越美北線　越前大野〜越前田野　1981（昭和56）年5月20日　撮影：安田就視

1966（昭和41）年12月1日訂補の七尾線、能登線時刻表。全長60km余りにおよぶ能登線が能登半島の奥深さを窺わせる。急行「能登路」は列車名の通り、長らく能登路を代表する観光列車だった。準急で残っていた「つくも」は穴水から普通列車として能登線へ乗り入れていた。

286
つくも … 石川県能登半島の九十九（つくも）湾。南岸線の屈折が多く、俗に九十九曲りと言われ、風光明媚である。（金沢─穴水間運転）

能登線（下り）・七尾線・氷見線

金沢──輪島・蛸島　大阪発1100→

（七尾線・能登線・下り）

トンネルの間で九頭竜川を渡る。日本海へ流れ出す福井県を代表する河川は、間もなく仏原ダムに澱みをつくる上流域に至るが周囲の川原のは開けた様子で春の草花が咲き誇っていた。プレートガーターが続く橋梁は、川面を渡る辺りが大柄なアンダートラス形状になっている。◎越美北線　柿ケ島〜勝原　1981（昭和56）年5月19日　撮影：安田就視

越美北線の新規開業時に終点として開業した勝原駅。同駅での貨物
営業が廃止された後も、越前富田まで貨物列車を牽引して来た蒸気機
関車が、転車台で方向転換を行うために単機で回送されていた。残雪
の山を見て大正生まれの8620が蒸気を吐く息のように噴き上げた。
◎越美北線　勝原　1972（昭和47）年3月15日　撮影：安田就視

春まだ浅い九頭竜川が流れる谷を、8620が無蓋車1両を
牽引して絶気で下って行った。撮影区間の下り方に当た
る勝原駅では貨物営業を数年前に廃止したので、本列車は
資材等を運ぶ臨時便なのだろう。周囲の山は植林を前に
して大規模に木々が伐採されていた。◎越美北線・勝原
～柿ケ島　1972（昭和47）年3月15日　撮影：安田就視

転車台が撤去され、山間の棒線駅となった昭和50年代の勝原駅。側線に設置された車庫には除雪用のモーターカーが格納されている。構内には保線関係者等が使う詰所があり、積雪期には除雪作業の拠点となっている。駅の前後はトンネルが口を開ける。◎越美北線　勝原　1981（昭和56）年5月19日　撮影：安田就視

コンクリートブロックを積んだ簡素な設えの駅舎が建つ昭和50年代の終点九頭竜湖駅。九頭竜ダムの最寄り駅として、春から秋にかけては訪れる行楽客も多い。旧国鉄時代には九頭竜湖周辺を回る定期観光バスが運行されていた。駅前広場には国鉄バス用の駐車帯が描かれている。◎越美北線　九頭竜湖　1982（昭和57）年8月22日　撮影：安田就視

新緑や紅葉が見頃となる季節には臨時列車が運転された。九頭竜湖駅に停まる車両は金沢総合車両所所属のキハ28等で組まれた3両編成。黄色い塗装は七尾線の急行「能登路」等に用いられた。晩年は定期運用を外れ、団体列車等に用いられた。◎越美北線　九頭竜湖　2000（平成12）年10月29日　撮影：安田就視

絵葉書で見る石川県の駅

（絵葉書提供：生田 誠）

【粟津駅 大正期】
小松駅の隣駅である粟津駅は1907（明治40）年11月に開業している。その後、1911（明治44）年に粟津温泉駅に至る粟津軌道線が開業して連絡駅となり、多くの湯治客がこの駅で下車して粟津温泉に向かった。これは大正期のホーム風景。

【金沢駅 大正期】
加賀百万石の城下町の玄関口である金沢駅は、1898（明治31）年4月、北陸線の小松～金沢間の延伸時に終着駅として開業し、同年11月に高岡駅までの延伸に伴い、中間駅となった。これは大正期の駅前風景で、馬車や人力車が見える。

【金沢駅 昭和戦後期】
金沢駅は1952（昭和27）年4月、この三代目の駅舎に改築されている。その後、北陸本線の高架工事が行われ、1990（平成2）年6月に旅客駅としては高架駅に変わった。三代目駅舎は1999（平成11）年8月に解体された。

3章
石川県の国鉄、JR路線

北陸新幹線が富山側より倶利伽羅峠を越えて金沢までやって来た。それを機に県内を横断していた北陸本線は金沢を境として富山側が第三セクター鉄道IRいしかわ鉄道へ転換された。金沢の東側にある津幡からは能登半島へ向かって七尾線が延びる。終点の和倉温泉へ北陸本線、IRいしかわ鉄道を経由して特急「サンダーバード」が乗り入れる。

津幡を出てしばらくは能登半島の西岸部を走る。沿線は広々とした田園風景。周辺は金沢への通勤、通学圏内にあり朝の時間帯には羽咋から金沢へ向かう区間列車が数本設定されている。2両編成の気動車がのんびりと走る七尾以遠と異なり、比較的長い編成の列車を見ることができた。◎七尾線　能瀬～宇野気　1990（平成2）年9月　撮影：安田就視

七尾線

能登半島の温泉地へ延びる観光路線

路線DATA

起点：津幡

終点：和倉温泉

開業：1898（明治31）年4月24日

　IRいしかわ鉄道が通る津幡から羽咋まで能登半島の西岸部を北上し、半島を横断して和倉温泉へ至る路線。かつては穴水、輪島まで線路が延びていた。明治期に七尾鉄道が津幡〜矢田新（後の七尾港）間を開業。それから約3年後に国有鉄道となり、昭和期に入って輪島までの区間が全通した。昭和40年代からの旅行ブームに乗り、輪島等が人気の観光地として注目を浴びるようになると蒸気機関車が牽引する「奥のと」等の臨時列車を運転した。しかし沿線人口の少ない末端部で業績は低迷を続け、旧国鉄が分割民営化された翌年に和倉温泉〜輪島間を第三セクター会社ののと鉄道へ経営移管した。その後、国鉄時代には急行列車が行き交った穴水〜輪島間は2001（平成13）年4月1日に廃止された。

　一方、JR路線として存続した津幡〜和倉温泉間は1991年に直流電化され、北陸本線で運転していた特急「スーパー雷鳥（後のサンダーバード）」「しらさぎ」「はくたか」が乗り入れるようになった。また線内の普通列車は気動車から電車に替わった。現在は金沢〜和倉温泉間を結ぶ特急「能登かがり火」や観光特急の「花嫁のれん」が入線している。

津幡〜和倉温泉間は1991（平成3）年に直流1500Vで電化された。普通列車は気動車に替わり、415系等の交直流両用電車が受け持つようになった。七尾線の列車は金沢を始発終点とし、津幡までは交流方式で電化された北陸本線を通る。交直流両用の機能が生かされた運用だった。◎七尾線　免田〜高松　1994（平成6）年5月2日　撮影：安田就視

積雪に見舞われた穴水駅に3本の列車が停まった。能登半島の東岸中央部に位置する当駅は能登線が分岐する地域鉄道の拠点であった。画面右手0番線は駅舎側に向かって行き止まり構造になっており、当駅始発終点となる能登線の列車が発着していた。◎七尾線　穴水　1984（昭和59）年1月31日　撮影：安田就視

415系は国鉄初の交直流近郊形電車であり、当初は常磐線や水戸線、鹿児島本線、日豊本線などで活躍した。七尾線には415系800番台が1991（平成3）年、電化に合わせて投入され現在まで運用されてきたが、521系の導入が2019（令和元）年JR西日本から発表された。◎七尾線　2013（平成25）年10月15日　所蔵：フォト・パブリッシング

非電化時代の七尾線へ特急列車を直通させるべく開発された「ゆぅトピア」。キハ65を改造した車両で北陸線内では特急「雷鳥」に併結して運転された。外観、内装はもとより時速120Kmの運転に対応できるよう、走行機器等へも大幅に手が加えられた。◎七尾線　徳田～能登二宮　1990（平成2）年9月20日　撮影：安田就視

雑多な形式の2軸貨車を従えて西岸駅に停車するC56 136号機。前照灯はシールドビーム。除煙板には蓋付きの点検窓が開けられている。煙突に装着された回転式の火の粉止めは、空気が乾燥する時期に発生しがちだった沿線火災等の防止策だった。◎七尾線　西岸　1961（昭和36）年10月1日　撮影：荻原二郎

羽咋の駅舎付近をたくさんの人が行き交う。小石が散見される駅前広場は未だ未舗装のようだ。構内奥に見える気動車は北陸鉄道能登線の車両。七尾線と並ぶ駅構内には両路線を結ぶ連絡線があった。夏の海水浴シーズン等には国鉄の列車が当駅から能登線へ乗り入れた。◎七尾線　羽咋　1961（昭和36）年10月1日　撮影：荻原二郎

長大な千里浜が日本海沿いに続く羽咋市。その鉄道玄関口は市街地に建つ羽咋駅だ。優等列車の主力が準急であった時代から、全ての列車が停車した七尾線の主要駅である。現在も七尾駅と共に七尾線内を走る全特急列車が当駅で停車する。◎七尾線　羽咋　1961（昭和36）年10月1日　撮影：荻原二郎

準急「のとじ」が広々とした七尾駅のホームに入って来た。キハ20等の一般型気動車が連なる編成で、先頭を郵便荷物合造車のキハユニ26が務める。運転席の前面下部には小振りなヘッドマークを掲出していた。当時の列車名は「のとじ」だったが、マークには「能登路」と記載されていた。◎七尾線　七尾　1961（昭和36）年9月30日　撮影：荻原二郎

乗客でホームは混雑していた。停車する列車は準急「そそぎ」。ヘッドマークの列車名は漢字で書かれている。金沢〜宇出津、輪島間を結んでいた。復路となる穴水〜宇出津間は快速列車として運転した。後に登場した準急「能登路」に吸収され短命に終わった列車である。◎七尾線　津幡　1961（昭和36）年9月30日　撮影：荻原二郎

輪島に到着したキハ20等3両で編成された普通列車。第二次世界大戦後、機関車が客車を牽引する形態が一般的だった旅客列車を気動車に置き換える動力近代化策が地方路線でも推進されるようになった。七尾線にも時の新鋭気動車が投入され始めた。
◎七尾線　輪島　1961（昭和36）年10月1日　撮影：荻原二郎

構内に貨車の姿が目立つ和倉駅。近隣には耐火煉瓦等を製造するイソライト工業の工場があり500mほどの専用線が敷設されていた。製品を運ぶ専用の陶器車が当駅常備で配置されていた時期があった。貨物扱いは1976（昭和51）年まで行われた。◎七尾線　和倉　1972（昭和47）年6月11日　撮影：安田就視

笠師保付近には西七尾湾からさらに陸地へ切れ込んだ小さな入り江がある。七尾線は国道と共に水面を跨ぐ。民営化後は急行仕業を退いたキハ58等が普通列車の運用に就いた。車体の塗装は白地に青い帯を巻いた地域色に変更されている。◎七尾線　笠師保〜田鶴浜　1990（平成2）年9月20日　撮影：安田就視

金沢〜輪島間を結ぶ急行「能登路」。全盛期には7往復が運転されていた。グリーン車こそ連結されていなかったがキハ58、28を連ねた堂々たる編成。やって来た列車の最後尾には郵便荷物車が連結されていた。◎七尾線　能登中島〜笠師保　1980（昭和55）年9月12日　撮影：安田就視

ススキの穂が揺れ、秋の気配を感じさせる田園の中を急行「能登路」が紫煙を燻らせつつ走って行った。最後尾にはキハユニ26が連結されていた。郵便荷物合造車の客室扉には「乗車禁止」と記された紙が貼られていた。
◎七尾線　能登中島〜西岸　1980（昭和55）年9月12日　撮影：安田就視

能登半島沿岸の入り江、七尾北湾を見下ろす高台にある能登鹿島駅。春になると海側から南風が吹き込み、例年4月中旬に構内の桜並木が一斉に開花する。ホームには当駅の愛称である「能登さくら駅」と書かれた行灯が下がり、花見の宴が繰り広げられることもある。◎のと鉄道七尾線　能登鹿島　1997（平成9）年4月16日　撮影：安田就視

旧国鉄七尾線の内、穴水〜輪島間を第三セクター鉄道として引き継いだのと鉄道。非電化で残った穴水以遠の経路では能登半島の山間部を横断した。新緑に彩られた森の中を能登線の第三セクター化に合わせて製造されたＮＴ100形が行く。
◎のと鉄道七尾線　穴水〜能登三井　1994（平成6）年5月2日　撮影：安田就視

終点まで貨物列車を牽引して来たC56が構内の外れに佇んでいた。124号機は1938（昭和13）年に三菱重工神戸造船所で落成した。1942（昭和17）年に七尾機関区へ転属し、七尾線が無煙化されるまで在籍した。その後は中央本線上松駅の構内入替え機として木曽福島機関区へ移った。◎七尾線　輪島　1973（昭和48）年8月31日　撮影：安田就視

穴水からいくつものトンネルを潜り抜けて能登三井へ出ると、輪島へ向かう鉄路は河原田川と絡みながら西へ進路を取った。
蒸気機関車が現役だった時代には七尾機関区所属のＣ56が貨物列車等の牽引を受け持った。今日の機関車は梅小路蒸気機関
車館（現・京都鉄道博物館）入りを控えた160号機だ。
◎七尾線　能登三井〜能登一ノ瀬　1972（昭和47）年6月11日　撮影：安田就視

草生した空き地の向う側でC56が薄い煙を燻らせながら佇んでいた。赤地に形式入りナンバープレートを掲げた124号機だ。
七尾線の終点、輪島駅の構内には車両の駐泊施設があり、機関車の方向転換を行う転車台も設置されていた。整備線付近に
は給水塔が二基建っていた。◎七尾線　輪島　1973（昭和48）年9月19日　撮影：安田就視

七尾線の終点だった輪島駅。昭和40年代の半ばに旧国鉄が個人旅行者の増大を狙って行ったディスカバージャパンキャンペーン等の影響から、朝市が開催される能登半島中部の街は一躍人気の観光地となった。金沢からは急行「能登路」を運転していた。◎七尾線　輪島　1973（昭和48）年9月19日　撮影：安田就視

能登線（のと鉄道能登線）

奥能登に散った閑散路線

路線DATA

起点：穴水	
終点：蛸島	
開業：1959（昭和34）年6月15日	
廃止：2005（平成17）年4月1日	

　能登半島の北東部まで延びる鉄道は大正期より計画されていたが第二次世界大戦後にも実現には至らなかった。しかし1953（昭和28）年に建設が着工され1958（昭和33）年に穴水〜鵜川間。翌年には宇出津までの区間が能登線として開業した。その後も延伸工事は継続し、1964（昭和39）年9月21日に松波〜蛸島間が開業して全通。総延長距離61kmの路線となった。

　開業当初は年毎に利用客の増加があったものの、自家用車の普及等が影響して乗降客数は減少に転じ、1968（昭和43）年には赤字83路線の一つに数えられて国鉄諮問委員会から廃止を促された。しかし、沿線自治体等から能登半島における観光事業の発展に鉄道は不可欠との声が上がり、能登線の受け皿となる会社を立ち上げ鉄道を存続させる案が出された。

　1986（昭和61）年に旧国鉄廃止路線を別会社が運営することを認める特定地方交通線第3次廃止対象として廃止が承認された。国鉄の分割民営化時にはJR西日本へ継承され、その翌年3月25日に第三セクター会社のと鉄道能登線として再出発を果たした。第三セクター化後は観光客の誘致活動等が功を奏して黒字路線となった。しかし、のと鉄道がJR七尾線末端区間の運営を引き受けた頃から業績は振るわなくなり、2005（平成17）年4月1日を以って全線が廃止された。

能登線へ乗り入れていた準急「そそぎ」。車両の側面に入っていた行先表示板には列車名が併記されていた。充当された車両は一般形気動車のキハ20だが、当時増備中の新鋭車両は従来車のキハ17等よりも広い車内を持ち、優等列車の運用に就くことがあった。
◎七尾線　七尾　1961（昭和36）年9月30日　撮影：荻原二郎

昭和30年代に入って開業した能登線。沿線住民と共に開業当初は能登半島を観光する旅行者や沿線の町で商談等を行う営業職のサラリーマンが利用した。まだ道路の整備が行き届いていなかった能登半島で、鉄道の存在価値は大きかった。◎能登線　甲　1965（昭和40）年6月19日　撮影：荻原二郎

鵜川を発車する列車から駅舎を望む。コンクリートブロックを積まれた駅舎は能登線内で良く見られた新しい造り。それに合わせるかのように集札を終えて事務室へ戻ろうとしている駅職員の容姿も若々しい。出入り口の扉が開け放たれた駅舎越しに集落の様子が少し見える。◎能登線　鵜川 1961（昭和36）年 9 月30日　撮影：荻原二郎

準急「そそぎ」を歓迎する看板が出入り口付近に掲げられていた宇出津駅舎。駅前にはバス停があり、観光客が日陰で次便の到着を待っている様子だ。当駅の開業に伴い能登線で荷物営業が始まった。画面の左手のご婦人方は荷車に載せてきた小荷物を駅へ運び込もうとしているようだ。◎能登線　宇出津 1961（昭和36）年 9 月30日 撮影：荻原二郎

鵜川～宇出津間は1960（昭和35）年 4 月17日に延伸開業した。その後松波への区間が延伸されるまでの2年間余りに亘り当駅は能登線の終点になった。同時に鵜川～宇出津間へ1.6倍の擬制キロを適用した。擬制キロとは収益率が低い地方路線等で一般運賃に掛けて料金を計算する際に用いる割増率を指す。◎能登線　宇出津 1961（昭和36）年 9 月30日　撮影：荻原二郎

外海より内陸部へ入り込んだ波静かな九十九湾岸の町小木。能登小木駅は町内を横切る県道を隔てた山側に建設された。駅舎はホームよりも若干低い位置にあった。駅名はのと鉄道に転換された際、景観に恵まれた海の名前を合わせ九十九湾小木と改称された。◎能登線　能登小木　1965（昭和40）年6月19日　撮影：荻原二郎

珠洲市内の東方で開業した能登線の終点蛸島駅。駅舎より高くなった築堤上にホームがあった。駅前には砂利が敷き詰められている。駅舎の所在地は正院町でホームは正院町と蛸島町に跨っていた。旧国鉄路線時代には駅員が配置されていた。
◎能登線　蛸島　1965（昭和40）年6月19日　撮影：荻原二郎

能登半島の北端部にある珠洲市。その市街地に能登線の珠洲駅があった。貨物扱い等に用いられる側線や機関車等の中は区施設を構内に備え、60Km以上の総延長がある能登線の末端付近で列車の運行に欠かせない拠点となっていた。まだ真新しい雰囲気の構内には貨車が留置されている。◎能登線　珠洲　1965（昭和40）年6月19日　撮影：荻原二郎

能登町波並地区の沿岸部には北七尾湾に向かって突堤を延ばした小さな漁港があった。能登線は海岸線をなぞるように急曲線を描いて集落の中を通っていた。全線に亘ってトンネルが多かった路線だが、期せずして能登半島らしい穏やかな海辺の景色に出くわす区間があった。◎能登線　波並〜藤波　1986（昭和61）年6月18日　撮影：安田就視

鵜川駅は旧・国鉄が能登線を新規開業した際の終点。構内には交換施設と貨物扱い等に用いる側線があった。また駅に隣接して職員用の官舎も設置されていた。第三セクター鉄道化後も職員の配置があり構内は季節の花が彩る花壇が設けられるなど小奇麗に整備されていた。◎のと鉄道能登線　鵜川　1990（平成2）年9月21日　撮影：安田就視

能登川尻（後の九里川尻）付近の築堤を行く普通列車。キハ28、58で組成された4両編成だ。七尾線から珠洲、蛸島まで乗り入れる急行「能登路」からの続き運用で、急行型気動車が普通列車に充当されていた。客室扉付近の列車種別表示板は裏返されている。◎能登線　能登川尻　1986（昭和61）年6月18日　撮影：安田就視

旧国鉄時代より急行の停車駅であった九十九湾小木（当時・能登小木）で交換するＮＴ100形とＮＴ800形。ＮＴ800形はのと鉄道転換時に急行「のと恋路」用として製造されたパノラマ気動車。展望が利く傾斜した前端部周りが個性的なかたちをしていて、2両が在籍した。◎のと鉄道　能登線　九十九湾小木　1990（平成2）9月21日　撮影：安田就視

絵葉書で見る富山県の駅 （絵葉書提供：生田 誠）

【高岡駅 昭和戦前期】
高岡市は富山県第二の都市で、街の玄関口となる高岡駅は現在、あいの風とやま鉄道（旧・北陸本線）、城端線、氷見線の接続駅で、駅前では万葉線（高岡軌道線）と連絡している。これは昭和戦前期の地上駅舎と駅前の風景である。

【石動駅 大正期】
富山県小矢部市の玄関口は、この石動（いするぎ）駅である。開業は1898（明治31）年11月、北陸線の金沢〜高岡間の開通時で、その後は加越能鉄道加越線が開通し、連絡駅となっていた。富山県内で最も西に位置し、駅名の難読駅としても知られる。

【富山駅 大正期】
富山駅は1899（明治32）年3月、北陸線の高岡〜富山間の延伸に伴い、当時の終着駅として開業した。その後、1908（明治41）年11月に神通川の改良工事に伴う北陸線の経路変更により、現在地に移転している。これは大正期の駅舎の姿である。

4章
富山県の国鉄、JR路線

北陸新幹線と若干離れた地域を走る第三セクター鉄道のあいの風とやま鉄道は元JR北陸本線。今日では県下の主要都市を結ぶ地域交通の要だ。高岡からは海岸部に向かって氷見線、山手に向かって城端線が延びる。新幹線が開業するまでは各地から優等列車が集まって来た県庁所在地の駅富山は高山本線の終点でもある。当駅から臨海部へ続く富山ライトレールは元JR富山港線だ。

雪晴れの景色に旧国鉄の二色塗装が映えた。スノウプラウが僅かに積もった線路際の雪を蹴散らす様子も小気味良い。昭和50年代に入り、一般型気動車の塗装は合理化の一環として朱色5号の一色塗装に変更されていった。この列車では編成の2両目に入ったキハ35が一色塗りになっていた。◎城端線　油田〜砺波　1980（昭和55）年5月3日　撮影：安田就視

氷見線

日本海越しに残雪の立山を望む

路線DATA

起点：高岡

終点：氷見

開業：1900（明治33）年12月29日

　あいの風とやま鉄道高岡と富山湾で獲れる魚介類が水揚げされる漁港が数多くある氷見市内の氷見を結ぶ路線。地元企業として創立した中越鉄道が明治期に伏木〜高岡間を開業。氷見〜島尾間が開業して現有の区間が全通したのは1912（大正元）年9月19日だった。中越鉄道全線が国有化されると伏木〜氷見間が氷見軽便線となり、1922（大正11）年に氷見線と改称した。また1942（昭和17）年に高岡〜氷見間を氷見線とした。

　高岡の市街地を北上する線路は貨物列車専用の新湊線が分岐する能生町を経て小矢部川河口付近の工業地帯を進む。越中国分の先で短いトンネルを潜ると対岸に屏風絵のような立山連峰を望む雨晴海岸へ出る。波打ち際近くを通って雨晴駅。海岸部に続く松並木が車窓を流れて終点氷見に到着する。

　平素は高岡〜氷見間を往復する普通列車のみが運転される。金沢総合車両所富山支所配置のキハ40、47が担当。城端線の列車と共通で運用されるこれらの気動車は、高岡駅構内に設置された高岡運転派出の常駐だ。定期列車の他、キハ40を改装した観光列車の快速「ベル・モンターニュ・エ・メール（愛称べるもんた）」を高岡〜氷見間で毎週日曜日に運転している。

高岡市内の北部にある能町。当駅から湾口部の工業地帯にある高岡貨物（旧・新湊）駅へ向かう新湊線が分岐している。新湊線は貨物専用の路線だ。地域貨物輸送の拠点らしく、構内には多くの留置線、側線が敷かれている。万葉線の新能町停留場とは県道を介して500mほど離れている。◎氷見線　能町　1990（平成2）年9月　撮影：安田就視

高岡市郊外部の沿岸部は紅白模様の煙突が建ち並ぶ工業地帯だ。工場の間を縫って走る氷見線は万葉線と国道415号線を潜る。青地に桃色と白の斜線を施したキハ40の塗装は、民営化直後に登場した高岡運転区（後の高岡鉄道部　現・北陸地域鉄道部）所属車両の専用色だ。◎氷見線　伏木〜能町　1990（平成２）年９月　撮影：安田就視

雨晴海岸近くの海岸線を走るキハ35等で編成された普通列車。旧国鉄時代には３扉ロングシートの通勤形気動車が氷見線、城端線で主力の一画を担っていた。通勤通学時間帯に運転する列車では急行形等に比べてより多くの利用客が乗れる車両は重宝された。◎氷見線　越中国分〜雨晴　1980（昭和55）年９月13日　撮影：安田就視

高岡市内の観光地、高岡古城公園に程近い越中中川。高岡から氷見線で一駅先にある。周辺には３つの高校と小中学校が集まっている。小雨模様の夕刻。上屋のないホームに家路に着く女子学生が溢れていた。２両編成の列車は程なく満員になるのだろう。◎氷見線 越中中川 1972（昭和47）年６月12日 撮影：安田就視

平家討伐に功を成し英雄となった源義経が後に兄頼朝の迫害を逃れて奥州へ落ち延びたとされる義経伝説が残る雨晴海岸。氷見線は有磯海沿いの海岸部を走る。波穏やかな海を隔て国の史跡に指定されている大境洞窟住居跡がある七尾市内の岬付近が眺望される。◎氷見線　雨晴〜越中国分　1980（昭和55）年9月13日　撮影：安田就視

末端区間は日本海側の沿岸部を走る氷見線。寒冷地とはいえ沿線に積雪を見る機会は山間部等に比べると多くはない。雪晴れの中を朱色5号塗装の気動車が3両でやって来た。編成の陣容は近郊型気動車のキハ45と通勤型のキハ35。いずれも暖地向けに製造された車両である。◎氷見線　氷見〜島尾　1981（昭和56）年2月18日　撮影：長渡 明

氷見線の運用を受け持っていた高岡鉄道部所属の気動車は平成初期に塗装変更を行った。変更後は渋い赤地に白線を巻いた落ち着きのある色調となった。これらの車両には急行仕業を退いたキハ28、58が一般型気動車に混じって普通列車に従事していた。◎氷見線　雨晴〜越中国分　2003（平成15）年4月27日　撮影：安田就視

小矢部川、庄川の河口付近東岸には工業地帯が広がる。氷見線は伏木を出ると高い煙突等が遠望される新湊方とは逆の西へ
大きく舵を切る。海辺を走る列車はキハ47。長方形の冷房装置を搭載してはいるものの、ベンチレーターがない屋根はすっ
きりとしている。◎氷見線　雨晴～越中国分　2003（平成15）年4月27日　撮影：安田就視

寄棟屋根の駅舎が建つ伏木駅。重厚な風合いの建物は出入り口付近等が改修されているものの今も往時の姿を留めている。また昭和40年代の初頭には駅前がロータリー状に整備され、その中央部に噴水があった。現在、噴水は撤去されて大部分が駐車帯になっている。◎氷見線　伏木　1966（昭和41）年5月4日　撮影：荻原二郎

木立に囲まれた氷見駅舎。鉄筋コンクリート造の建物は富山県で開催された第13回国民体育大会に合わせて1958（昭和33）年に木造駅舎から建て替えられた。氷見駅と記された切り抜き文字が出入り口付近を飾る。駅の所在地は漁港や市場がある地域より南部の伊勢大町一丁目だ。◎氷見線　氷見　1973（昭和48）年8月30日　撮影：安田就視

昭和50年代の後半までは旧型客車を連ねた普通列車が、気動車に混じって運転されていた。1969（昭和44）年に蒸気機関車が廃止されてからの牽引機はDE10。末期は早朝に氷見発高岡行きが1本。夕刻夜間に全線を通して走る列車が2.5往復設定されていた。◎氷見線　氷見　1973（昭和48）年8月30日　撮影：安田就視

じょうはなせん

城端線

チューリップの里砺波平野を行く

路線DATA

起点：高岡	
終点：城端	
開業：1897（明治30）年5月4日	

　高岡と五箇山の麓に広がる砺南市内の城端駅を結ぶ路線。散居村やチューリップの栽培で知られた砺波平野を南北に走る。氷見線等と同じく私鉄の中越鉄道が沿線で収穫される農産物等を伏木港まで運ぶ目的で明治期に開業した。同路線は富山県初の鉄道となった。1920（大正9）年に他の中越鉄道線と共に

国有化され伏木〜高岡〜城端間が中越線となった。1942（昭和17）年に高岡〜城端間を城端線と改称。同時に伏木〜高岡間は氷見線へ編入された。砺波周辺の田園部では球根の採取を目的としたチューリップの栽培が盛んだ。例年4月中旬になると城端線の沿線でも色とりどりの絨毯を敷き詰めたかのような花畑を見かける機会がある。毎年4月下旬から5月上旬にかけて「となみチューリップフェア」が開催される折には、臨時列車が増発されたことがあった。現在は氷見線と同様に観光列車として快速「ベル・モンターニュ・エ・メール」運行している。城端線では高岡〜城端間で毎週土曜日の運転だ。

雨模様のホームにC11が牽引する客車列車が入って来た。列車の背後に見える跨線橋は城端線と加越能鉄道加越線のホームを結んでいた。北陸本線の石動と庄川町を結んでいた加越線は途中駅の福野で城端線と並んだ。対向列車越しに加越能鉄道の車両が見える。◎城端線　福野　1966（昭和41）年5月4日　撮影：荻原二郎

駅前には地域の一大イベントであるチューリップフェア開催を宣伝する広告塔が建っていた。砺波駅は城端線で沿線随一の町である砺波市の中心街にある。駅舎は昭和40年代より壁面にガラスを多用した近代的な外観であった。◎城端線　砺波
1966（昭和41）年5月4日　撮影：荻原二郎

終点駅城端で発車時刻を待つC11 264号機。ホームには女子学生の姿がある。長い編成の客車列車は夕刻の通学時間帯に運転されるのだろうか。構内には給水塔や転車台があり、蒸気機関車が日常的な鉄道風景にいた頃へ想いを馳せさせる。
◎城端線　城端　1967（昭和42）年5月29日　撮影：荻原二郎

昭和30年代には二重屋根を備えた17m旧客車のオハ31等が未だ営業列車に使われていた。昭和初期に製造された客車は、梁、柱へ鋼製の外板をリベットで打ち付けて車体をかたちづくっていた。そのために小振りながら厳めしい外観になっていた。
◎城端線　高岡　1962（昭和37）年5月28日　撮影：荻原二郎

手旗を持った職員が列車を誘導しようと機関車の正面に出た。駅構内で貨車の入れ替えを行うC11 295号機。ボイラー上に端部が切り落とされたような形状のドームを載せたタンク機は戦時設計の1945（昭和20）年製。生涯を高岡で過ごした。◎城端線　城端　1967（昭和42）年5月29日　撮影：荻原二郎

晩夏の日差しに照らし出された城端線の終点城端。ホームでは季節の花が列車から降りてきた乗客を出迎える。本体が寄棟屋根になっている木造駅舎は開業時からの建物である。昭和40年代にはキハ10等、近代化初期の国鉄型気動車を見ることができた。◎城端線　城端　1973（昭和48）年8月30日　撮影：安田就視

球根を採取するために栽培されているチューリップは連休前に花を摘み取られるのが常だ。しかし、この年はゴールデンウイーク期間中まで沿線で咲き誇る花を愛でることができた。民営化後、高岡をネグラとする気動車の塗装は明るい色調の塗り分けに変更された。◎城端線　福野〜高儀　1994（平成6）年5月4日　撮影：安田就視

終点駅のベンチでは女性がラジオに聞き入っていた。改札口の向うには貨物列車用のホームがある。ラッチは金属製の簡易なもの。出入り口付近には周辺の観光案内図や日本旅行のポスターが。昭和の日常を感じさせる駅舎のある風景だ。◎城端線　城端　1973（昭和48）年8月30日　撮影：安田就視

高山本線

私鉄特急が飛騨路回りで富山へ乗り入れた

路線DATA

起点：岐阜

終点：富山

開業：1920（大正9）年11月1日（高山線）
　　　1927（昭和2）年9月1日（飛越線）

　昭和初期に飛騨線として開業した富山より神通川の流域を遡る路線の内、猪谷～杉原間までが富山県下の路線である。猪谷はJR西日本とJR東海の境界駅。神通川を堰き止める神一ダムの畔近くに設置された山峡の駅だ。普通列車の運転区間も当駅で富山方と高山方に分かれる。また、名古屋と飛騨地方を結ぶ

特急「ワイドビューひだ」は、4往復が富山まで乗り入れる。旧国鉄時代より高山本線は北陸本線とともに東海地方と北陸を結ぶ主要な経路だった。かつては急行「のりくら」等、夜行列車の設定もあった。それら旧国鉄の列車はもとより、名古屋鉄道が富山地方鉄道まで運転していた「北アルプス」も1973（昭和48）年から1983（昭和58）年まで高山本線経由で富山駅へ乗り入れていた。

　なお、沿線全ての自治体が2005（平成17）年4月1日に「平成の大合併」の下で富山市と合併したため、富山県下の高山本線は全区間が富山市内に収まっている。

ヨン・サン・トオダイヤ改正時に新設された特急「ひだ」。名古屋～金沢間を東海道本線、高山本線、北陸本線経由で運転した。時の新鋭キハ82系が交直流電化、非電化区間が入り混じる行程を走行し、気動車の持ち味を遺憾なく発揮した。車体側面の窓上部には国鉄を表すJNRマークが取り付けられていた。◎高山本線　富山　1976（昭和51）年7月7日　撮影：長渡 朗

雪のホームに佇むキハ58は1000番のキリ番号車だった。旧国鉄時代には富山始発の普通列車3本が全線を走破していた高山本線。さらのその内の1本は列車番号を変えて名古屋まで乗り入れていた。旧国鉄路線が文字通り1本の線路で結ばれていたことを実感する運用だった。◎高山本線　富山　1984（昭和59）年3月6日　撮影：長渡 朗

線路に雪が降り積もった富山駅のホームで発車時刻を待つ高山本線の普通列車。猪谷以南の深い山間区間へ分け入る列車にはキハ52等、二機関を搭載した強力型の車両が用いられた。前端部には線路上の雪を跳ね飛ばすスノーブラウを装着している。◎高山本線　富山　1984（昭和59）年3月6日　撮影：長渡 朗

富山市の郊外を流れる井田川を渡る高山本線の普通列車。ＪＲ東海の一般車両色と旧国鉄時代からの朱色５号塗装の気動車が混結された４両編成だ。民営化後もしばらくの間は高山本線を通して運転する普通列車があり、ＪＲ東海色の一般型気動車が富山口に姿を見せていた。◎高山本線　千里〜速星　1990（平成２）年９月18日　撮影：安田就視

富山方面へ向かって猪谷駅を発車したＣ58牽引の旅客列車。109号機は昭和20年代から高山本線が無煙化された40年代前半までを高山機関区で過ごした機関車。高山本線の仕業に従事していた末期になると前照灯はシールドビームに振り替えられていた。◎高山本線　猪谷　1967（昭和42）年５月25日　撮影：荻原二郎

神通川の東岸近くに開業した笹津駅。富山平野部の南端に位置する。川を渡れば列車は急峻な谷間へ足を進める。急行時代の「ひだ」は名古屋〜富山間に運転していた4往復の内、下り1本と夜行の4号を含む上り2本が当駅に停車した。
◎高山本線　笹津　1967（昭和42）年5月25日　撮影：荻原二郎

雪囲い等が外され、軽やかな表情を見せる初夏の猪谷駅舎。昭和40年代には未だ貨物扱いが盛んであったが、今日の構内には貨車の姿は見られず、山間の駅らしい長閑な空気に包まれている。改札口付近では職員が利用客を待っていた。
◎高山本線　猪谷　1967（昭和42）年5月25日　撮影：荻原二郎

高く見え始めた秋空の下をキハ23が行く。近郊型と称される両運転台
仕様の気動車は昭和40年代に登場した。暖地用、寒地用を合わせて54
両が製造された。キハ20や40等、大所帯の車両が多い一般型気動車の
中では少数派の範疇に入る。
◎高山本線　千里～速星　1990（平成2）年9月18日　撮影：安田就視

霧に煙る山路を単行の気動車が行く。民営化後に登場したキハ120はＪＲ西日本所属の車両。地方交通線向けの標準型気動車として製造されて間もなく高山本線に投入された。同路線での運用区間は富山〜猪谷間。特急列車に次いで普通列車でも車両の世代交代が始まった。◎高山本線　笹津　1991（平成３）年４月24日　◎撮影：安田就視

名古屋と飛騨路を結ぶ特急「ワイドビューひだ」は現在４往復が高山本線全線を走破して富山まで乗り入れる。高山以遠では付属編成のみとなった３両の身軽な姿に変身。名古屋行きの列車は先頭車が貫通扉付き仕様の制御車になる。
◎高山本線　笹津　2003（平成15）年４月24日　撮影：安田就視

岐阜県高山市の川上岳山中に源を発し、富山県内を縦断して富山湾に注ぐ北陸の大河神通川。風の盆で知られる富山市八尾町の郊外で高山本線が滔々とした流れを渡る。下部トラスが続く橋梁の眺めは雄大だ。列車はキハ58とキハ52の2両編成。
高山本線　笹津〜東八尾　1990（平成2）年9月18日　撮影：安田就視

猪谷駅に今日まで残る木造駅舎。周囲を山に囲まれた日本海側の積雪地にありながら屋根は瓦葺である。窓枠は雪に耐えうる重厚な面持ちを呈する。出入り口付近にはタバコや郵便の看板が掛かり、売店キヨスクが設置されて列車利用以外にも地域住民にとって生活の拠り所であったことを窺わせる。◎高山本線　猪谷　1982（昭和57）年8月19日　撮影：安田就視

高山本線でＪＲ東海とＪＲ西日本の境界は猪谷駅と杉原駅の間にある。猪谷は西日本管内の駅。民営化後に普通列車の運用は当駅で南北に分断された。構内に佇むキハ23はＪＲ西日本の車両。ホームへは駅舎から線路4本を跨ぐ構内踏切が連絡する。◎高山本線　猪谷　1990（平成2）年9月　撮影：安田就視

フジの花が初夏の到来を告げる中、急行形気動車を先頭にした回送列車が行く。昭和50年代に入ると主要路線の閉塞方式は自動化が進められていった。しかし、タブレットキャッチャーを装備した車両もまだ多く残り、良き時代の面影を偲ぶことができた。◎高山本線　猪谷～楡原　1981（昭和56）年5月16日　撮影：安田就視

とやまこうせん

富山港線（現・富山ライトレール富山港線）

LRT化された臨海部へ向かう電車道

路線DATA

起点：富山駅北停留場

終点：岩瀬浜駅

開業：1924（大正13）年6月1日

廃止：2006（平成18）年3月1日

　富山駅から神通川河口付近の岩瀬浜へ延びる路線。現在は第三セクター鉄道富山ライトレールが運営する。大正期に富岩鉄道が旅客輸送を目的として富山口〜岩瀬港（現・岩瀬浜）間を開業した。昭和初期に富山〜富山口間が延伸されて北陸本線と線路が繋り貨物輸送も始まった。富岩鉄道は県下に路線網を広げていた富山地方鉄道に譲渡されたが、第二次

世界大戦中に延伸開業していた貨物支線等を含めて国有化され国鉄富山港線となった。

　開業初期より直流600Vの電化路線だったが、1967（昭和42）年に架線電圧は1500Vに昇圧された。後になって北陸本線が交流電化されたため、異なる電化方式の路線が接する富山駅構内には富山地方鉄道と合わせて2か所の無電区間が設置された。

　北陸新幹線の金沢延伸開業に合わせて第三セクター鉄道への経営移譲が決定。同時に路面電車（LRT）化が計画され、富山駅周辺の一部区間を路面軌道に置き換えた。そして2006（平成18）年に富山ライトレールとして再出発した。2020（令和2）年には相互乗り入れ等が検討されている富山地方鉄道に吸収合併される予定だ。

老朽化した72系に代わって富山港線に投入された車両は、北陸本線の急行で活躍した475系等の交直流両用の電車だった。塗装は民営化を機に交直流急行形電車色から淡いクリーム色の地に青い帯をあしらった北陸地方の一般形電車色に塗り替えられたものが多かった。◎富山港線　下奥井〜越中中島　1990（平成2）年9月27日　撮影：安田就視

大正期に富山港線の前身となる鉄道の始発駅として開業した富山口に隣接する踏切を旧型国電の72系が通った。ターミナル駅富山の東方に位置し、住宅街の中にあった小駅は、富山港線の路面電車化工事に伴う線路の付け替えで経路から外れ2006（平成18）年3月1日を以って廃止された。◎富山港線　富山口　1980（昭和55）年10月14日　撮影：長渡朗

城川原駅には開業当初から車庫や変電所が置かれ、列車運行の要となっていた。行き交う列車は少ない昼下がりの構内に国電顔の72系が窮屈そうに並んでいた。旧・国鉄、JRの路線であった時代は、相対式ホーム2面2線を備え、富山港線唯一の交換可能な駅であった。◎富山港線　城川原　1982（昭和57）年8月21日　撮影：安田就視

第三セクター転換まで岩瀬浜に残っていた木造駅舎。1946（昭和21）年竣工の2代目だった。当駅より約500m南方には富山競輪場がある。同施設の最寄り駅は1959（昭和34）年に仮乗降場として開業した競輪場前だが、競輪場への利用客が見込まれた当駅では出入り口付近に柱に「富山競輪本日開催」と記載された看板が掛かっていた。◎富山港線　岩瀬浜　1973（昭和48）年9月1日　撮影：安田就視

1967（昭和42）年に架線電圧を600Vから1500Vに昇圧するまで、富山港線では買収国電と呼ばれた戦前、戦中派の電車が多く使用された。クモハ2007は元南武鉄道のモハ150形。1957年から58年にかけて可部線で運用されていた6両が城川原区へ転属し、昇圧時まで主力として活躍した。◎富山港線　岩瀬浜　1962（昭和37）年5月28日　撮影：荻原二郎

富山駅の富山港線ホームに停車するクハ5506。元鶴見臨港鉄道のクハ250形である。電動車として製造される予定であったが戦時下の物資不足で機器が調達できず、片運転台の制御車となった。鶴見臨港鉄道は1943（昭和18）年に国鉄に買収され、同車両も国鉄へ籍を移した。◎富山港線　岩瀬浜　1962（昭和37）年5月28日　撮影：荻原二郎

旧型国電が主力だった昭和30年代の富山港線では、日中40～45分間隔で富山～岩瀬浜間に旅客列車を運転していた。また早朝には車両基地がある城川原から岩瀬浜へ向かう列車が。夜間には富山発で城川原止まりとなる区間列車の設定があった。◎富山港線　岩瀬浜　1962（昭和37）年5月28日　撮影：荻原二郎

隣駅が東岩瀬と記された岩瀬浜の駅名票。両駅間には富山競輪場に隣接して競輪の開催日のみ営業する競輪場前仮乗降場が1959（昭和34）年に設置された。しかし普通の駅と一線を画す仮乗降場は多くの時刻表に記載されず、知る人ぞ知る存在であった。◎富山港線　岩瀬浜　1962（昭和37）年5月28日　撮影：荻原二郎

富山港線の車庫等があった城川原の駅名票。可愛らしい書体のひらがなが目を引く。岩瀬浜方の隣駅は蓮町になっている。現在は400m離れた場所に犬島新町がある。当駅は富山ライトレール移管後の鉄道を沿線住民がより利用し易い施設にする施策の一環として2006（平成18）年に開業した。◎富山港線　城川原　1962（昭和37）年5月28日　撮影：荻原二郎

終点岩瀬浜の駅舎は1面1線のホームと接していた。当駅は近隣住民と共に周辺の工場等に勤務する会社員が利用した。通勤時間帯となる朝夕の混雑時に備えて改札口は間口を広く取った構造だ。また、複数の金属製ラッチが設置されていた。◎富山港線　岩瀬浜　1962（昭和37）年5月28日　撮影：荻原二郎

終点の岩瀬浜。旅客用ホームは１面１線で隣接して機回し線があった。当駅では1984（昭和59）年まで貨物の取り扱い業務を行っていた。貨物列車はディーゼル機関車が牽引していたので、留置線等の線路は貨物営業が終了するまで非電化だった。
◎富山港線　岩瀬浜　1981（昭和56）年８月25日　撮影：安田就視

灰色の低い雲が立ち込める日本海側地域の冬らしい空の下、河口付近まで続く運河に影を落として72系電車が富山港線の終端部付近を走る。左手奥に見えるのは岩瀬浜駅の構内。昭和50年代までは周辺の工場まで延びる専用線が何本もあった。構内の留置線にはタンク車が停まっている。◎富山港線　岩瀬浜〜東岩瀬　1980（昭和55）年２月４日　撮影：安田就視